AF332307

NOUVEAU PROSPECTUS

DE LA

COMPAGNIE DU SCIOTO,

AVEC PLUSIEURS EXTRAITS DE

LETTRES, ÉCRITES DU SCIOTO MÊME,

En date du 12 Octobre 1790.

DÉCEMBRE.

1790.

AVERTISSEMENT.

La Compagnie du Scioto, formée par acte de société passé devant M. Rameau & son confrère, Notaires à Paris, le 3 Août 1789, n'ayant cessé d'avoir à répondre aux calomnies les plus absurdes, que l'esprit de parti, l'intérêt personnel & l'envie ont inventées, a cru devoir mettre au jour un nouveau prospectus, dans lequel elle s'attache à dévoiler les vrais motifs d'un pareil acharnement. Mais pour ôter à ses détracteurs tout prétexte d'opposition, & pour inspirer au public une entière confiance dans ses opérations, elle déclare qu'*elle ne recevra à l'avenir que le 10 pour cent du prix total des ventes qu'elle fera ; que le surplus de la première moitié de ce prix sera déposé chez un des banquiers les plus accrédités de Paris, où il restera jusqu'à ce que l'acquéreur ait été mis en possession de ses terres tandis* que la seconde moitié ne sera, comme par le passé, payable que deux ans après.

Les personnes impartiales trouveront dans cette démarche & dans la déclaration faite par des Colons arrivés en Amérique que la Compagnie y remplit ses engagemens d'une manière au-dessus de tout éloge, (1) une sûreté entière pour les acquisitions qu'elles voudront faire, & elles ne seront pas étonnées si dorénavant la Compagnie ne répond plus aux déclamations qu'on pourroit se permettre contr'elle, qu'en publiant les relations qui arriveront d'un pays qui dans peu d'années sera une des Provinces les plus riches & les plus peuplées de toutes celles qui sont sous la domination des Etats-Unis.

Les bureaux de la Compagnie sont toujours rue neuve des Petits-Champs, N°. 162.

---

(1) Voyez les lettres à la fin de l'avis.

AVIS.

LA Compagnie du Scioto a publié déjà plusieurs écrits. Les uns sont destinés à développer les avantages qui doivent résulter des acquisitions à faire dans ces fertiles contrées de l'Amérique septentrionale. Les autres servent à repousser les attaques que les adversaires de la Compagnie n'ont cessé de lui porter ; mais toutes ces productions peuvent actuellement être regardées comme incomplettes ou insuffisantes parce que les choses ont totalement changé de face, que l'entreprise est devenue beaucoup plus avantageuse & plus assurée, & qu'elle a acquis une solidité qui fournit des données toutes différentes de celles sur lesquelles on a bâti les premières hypothèses.

En effet ce qui dans le commencement de l'année passée ne se voyoit qu'en perspective s'est en grande partie réalisé aujourd'hui, & les personnes qui prendroient actuellement le parti d'aller au Scioto, s'y trouveroient à leur arrivée parmi des françois, qui déja ont pris possession de leur terres & commencé à former leurs établissemens.

Les nombreux adversaires de cette Compagnie, sans se mettre en peine comment ils soutiendroient les calomnies qu'ils ont inventées contr'elle, sont toujours allé en avant ; ils ont nié les faits que la Compagnie annonçoit au public, & ils ont imaginé tous les moyens possibles de lui nuire.

Mais pourquoi, dira-t-on, cet acharnement à persécuter des individus qui n'ont fait de mal à personne, & qui au contraire ont fait de très-grands sacrifices pour faire le bien & pour procurer des facilités considérables à un grand nombre de particuliers ? En effet les causes d'un tel procédé ne sont pas faciles à deviner quand on ne connoît pas les motifs de ceux qui s'élèvent contre les établissemens de la Compagnie.

On peut ranger ses antagonistes dans quatre classes : Ceux qui composent les trois premières n'agissent que par des motifs

A

tirés de leur propre intérêt. De bons citoyens, que d'autres, moins bien intentionnés ont trouvé moyen d'égarer, rempliffent la quatrième.

1°. Les ennemis de la tranquillité intérieure doivent être mis à la tête de la lifte des détracteurs de la Compagnie du Scioto. Il eft de fait que pour être tranquille & heureux, il faut laiffer aux mécontens la faculté d'émigrer; qu'aucune fociété ne fauroit jouir du repos, fi ceux qui n'approuvent pas les principes fur lefquels elle eft fondée, ne s'éloignent d'elle. L'hiftoire vient à l'appui de ce fait. Jamais la révolution ne fe feroit complettement effectuée dans la Grande Bretagne, fi l'on n'avoit laiffé paffer paifiblement les mécontens dans la nouvelle Angleterre.

Cependant ils repréfentent l'émigration comme un moyen de dépeupler le Royaume; comme fi le départ de quelques milliers d'individus pouvoit être à redouter dans un moment où l'extinction feule du luxe en a réduit quelques millions à la misère, ou, comme fi les habitans d'un fi beau Royaume pouvoient concevoir l'idée de déferter en foule leur patrie pour en aller chercher fi loin une autre, s'ils n'avoient des motifs invincibles pour les y déterminer; & dans ce dernier cas il feroit également cruel, contraire aux droits de l'homme, & impolitique de les empêcher de quitter une patrie où ils ne trouvent pas à être heureux. L'unique but de ces gens eft de difcréditer les opérations de la Compagnie en provoquant des décrets injuftes & de détruire la tranquillité par le moyen des mécontens & des malheureux. C'eft pour atteindre un but auffi pervers qu'ils affectent le langage du patriotifme.

2°. L'intérêt perfonnel détermine les Américains eux-mêmes ou les perfonnes intéreffées dans la plantation du Tabac en Virginie à s'oppofer aux opérations de la Compagnie du Scioto. Les terreins qui lui appartiennent produifent de meilleur Tabac que ceux de la Virginie, & une colonie de françois qui y tranfportera fon induftrie arracheroit à cette dernière Province une grande branche de fon commerce avec la France. De-là font dérivés tous les bruits défavantageux répandus par les Américains contre une des plus fertiles & des plus agréables contrées ; de la même source sont émanées les inquiétudes qu'on a inspirées aux premiers émigrans qui ont passé par la Virginie pour aller au Scioto.

3°. La troisième classe consiste en personnes riches : elle est moins nombreuse & est composée d'agioteurs dans les fonds américains, ou, pour leur donner un nom qui leur convient mieux, ce sont les accapareurs des dettes du Congrès. Ceux là ont un intérêt non équivoque à empêcher la vente des terres ; jusqu'à ce que leurs spéculations soient finies. On peut mettre dans la même classe un grand nombre de propriétaires répandus dans les différentes Provinces de l'Amérique, qui, sachant combien un ralliement sur ces terres du Scioto procurera d'avantages à ceux qui s'y établissent, craignent de ne pouvoir vendre les terres qui leur appartiennent dans les contrées qu'ils habitent.

4°. Enfin la quatrième classe des détracteurs de la Compagnie du Scioto consiste en gens bien intentionnés, en bons patriotes, mais qui se sont laissés séduire par les faux raisonnemens & les bruits injurieux répandus par les personnes qui composent les classes précédentes.

Telles sont les sources d'où naissent tous les bruits défavantageux semés de tous les côtés contre la Compagnie du Scioto. Mais que résulte-t-il de l'acharnement qu'on a mis à les divulguer ? C'est qu'on a sçu que l'affaire étoit très-avantageuse. Pénétré de sa bonté on s'est ligué en grand nombre pour la combattre & on n'a employé tant d'efforts que parce qu'on a senti que des déclamations ordinaires ne réussiroient pas. Ce n'est point ici simplement le désir de se mêler d'une affaire nouvelle & de contrarier un établissement utile ; des évènemens plus intéressans se succèdent journellement avec une si étonnante rapidité qu'on n'a pas besoin de se repaître d'objets qui touchent de bien moins près, mais l'égoïsme & un patriotisme mal entendu sont les seuls alimens qui ont entretenu ce désir ardent de contrecarrer un établissement dont l'utilité saute aux yeux sous quelque côté qu'on l'envisage.

On a cru qu'avant d'entrer de nouveau dans les détails qui

établissent les avantages de la colonie qui se forme sur les terres du Scioto, il n'étoit pas inutile de dévoiler les vrais motifs de ceux qui contredisent ces avantages. On se hâte de faire le plus brièvement possible la récapitulation des faits sur lesquels elle les fonde.

LA Compagnie du Scioto créée par Acte passé devant Rameau, Notaire, établie *rue Neuve des Petits-Champs*, N°. 162., pour la vente de trois millions d'acres de terres situées dans l'Amérique septentrionale entre les rivières d'Ohio & de Scioto ayant déjà vendu une partie considérable de ces terres, partie actuellement habitée, a par conséquent actuellement des terreins à vendre, entourés d'autres terreins déjà habités. On peut les acquérir en telle quantité que l'on voudra, moyennant que ce ne soit pas au-dessous de 50 acres.

Le site du pays est exactement tel qu'on le voit dans la carte ci-jointe, & l'on peut connoître la nature du sol & du climat par une brochure traduite de l'anglois & vérifiée par M. Hutchins, Géographe des Etats - Unis, qui a résidé dix ans dans cette contrée.

Ce terrein est situé entre deux grandes rivières navigables, à côté de la Virginie, pays si connu par la fertilité de son sol & par ses productions en tabac, en ris, &c. Les terres du Scioto surpassent encore en bonté celles de la Virginie, elles sont regardées par les Américains comme les meilleures de tout leur continent. Ses prairies naturelles étoient célèbres du tems même des Sauvages, mais comme ces contrées étoient inhabitées, les voyageurs n'avoient pas le loisir de faire les observations nécessaires pour les faire connoître avec exactitude.

L'avantage d'habiter un sol riche, de vivre dans un climat sain & d'être régi par des lois sages, est sans doute bien grand ; mais il se fera sentir particulièrement au Scioto parce que ce pays situé au centre des Etats-Unis deviendra une espèce de point de réunion pour ceux qui passeront de l'Europe en Amérique. Les terreins y deviendront bientôt très-précieux, & l'établissement se complettera. A mesure que les habitations

(5)

s'y multiplieront, les avantages de ceux qui font des acquifitions au Scioto deviendront auffi plus confidérables.

En propofant la vente de ces terreins, la Compagnie eft bien
éloignée de dire qu'elle offre des acquifitions qui puiffent convenir à tout le monde. C'eft à l'homme qui a perdu l'état dans
lequel il vivoit, & qui voudroit au moyen des débris de fa
fortune réalifée, fe procurer une exiftence pour lui & pour
fa famille, qu'elle offre un débouché qu'on chercheroit
envain ailleurs. C'eft à l'homme qui voudroit fe procurer en
moins de dix ans une fortune indépendante & acquife fans
faire des dépenfes confidérables; c'eft à celui qui fans de grands
moyens voudroit fe procurer la certitude de pouvoir élever
une famille nombreufe; mais l'établiffement que la Compagnie
propofe ne convient pas à ceux qui veulent jouir inceffamment
& dans les bras de l'indolence; à ceux à qui il faut des plaifirs
bruyans & les agrémens qu'on ne trouve que dans les grandes
villes.

La Compagnie a toujours tenu le même langage, elle a
toujours dit que les perfonnes qui dans leur patrie ont un
état fait & y vivent aifément, ne doivent pas aller en Amérique; mais elle a toujours foutenu, & elle le dit avec affurance, celles qui font dans le cas oppofé ne trouveront dans
aucun endroit du monde un établiffement auffi avantageux, auffi
agréable & qui puiffe répondre plus certainement à leur but,
puifqu'en peu d'années elles pourront fe procurer l'aifance &
jouir d'une fortune honnête au moyen feulement du prix de
l'achat de leur terre, de celui des beftiaux néceffaires & des
frais de culture qui ne font pas confidérables dans ce pays
là.

Le terrein du Scioto, fitué, comme on l'a déja dit, entre
deux rivières navigables, eft contigu au Sud au comté de la
Fayette en Kentuke, qui lui-même fait partie de la Virginie,
à laquelle il confine également au Sud-Eft : ces terres font à
l'Orient une prolongation des terreins appartenans à la Compagnie de l'Ohio, dont une grande partie eft en pleine culture.
Ainfi le fol qu'on propofe à mettre en valeur, facile par

fa nature à être cultivé, eft entouré de pays déja habités &
défrichés, ce n'eft point une terre ifolée, qu'on doive regarder
comme un défert; mais c'eft une terre en partie habitée &
voifine d'autres qui le font : c'eft un beau pays, inculte à la
vérité, & c'eft de-là que naît en partie fa richeffe; c'eft un
pays dans le voifinage duquel on peut trouver tous les fecours
indifpenfables à un nouvel établiffement, les beftiaux, les outils
néceffaires à l'agriculture & tous les uftenfiles dont on a befoin,
& cela à un prix très-modique. L'apperçu ci-joint des frais
que les colons ont indifpenfablement à faire, rendra cela
plus fenfible, il ne s'agit que de l'adapter à l'étendue des
poffeffions.

Le prix auquel la vente de ces terres eft fixé, eft de fix
livres tournois l'acre anglois, d'un cinquième plus grand que
l'arpent de Paris, ainfi l'arpent revient à peu près à 4 l. 13 f.,
la moitié fe paye comptant, & cet argent fera dépofé comme il a
été dit. L'autre moitié fe donne deux ans après foit en Amérique
foit en Europe au choix de l'acquéreur. La vente fe fait en donnant
un titre légal en vertu duquel le propriétaire aura le droit de
choifir la quantité de terrain qu'il aura acquife dans fix fois
cette même quantité fur deux des quarrés ou Municipalités
tracés fur la carte. Les premiers acquéreurs auront par la date
de leur contrat & la priorité de la préfentation de leur titre
à l'agent de la Compagnie, la préférence pour le choix de
leur terrain, préférence importante vu fur-tout la difpofition
où l'on fait que font quelques perfonnes de laiffer leur terrain
en friche & de les revendre lorfque les terres qui les avoifinent
auront été mifes en valeur. De femblables fpéculations ont
fouvent procuré en Amérique des fortunes confidérables.

La nature du fol, l'excellence du climat & les productions
de ce terrain ont été décrits dans une brochure traduite fur
l'original anglois, imprimée en Amérique, dans les lettres d'un
cultivateur américain, dans les voyages de M. Chatellux, dans
l'ouvrage de M. l'Abbé Robin &c.

La vérité des faits rapportés dans cette brochure eft non-feulement atteftée par M. Hutchins, Géographe du Congrès, mais encore par le rapport unanime des voyageurs, de toutes les perfonnes qui ont vu ce pays & qui toutes en font une relation parfaitement uniforme.

Toutes s'accordent à dire que les terrains de ce canton font les plus fertiles du monde & que le fite du pays eft infiniment riant & agréable.

Aux avantages du climat & du fol il faut joindre la bonté du gouvernement, calqué fur celui de la Grande Bretagne, mais perfectionné dans quelques points. Tout individu domicilié dans les Etats-Unis jouit de tous les avantages des indigènes, fans avoir befoin de naturalifation, comme cela fe pratique en Angleterre & dans quelques autres pays de l'Europe.

Les plus grandes fortunes qui exiftent dans le monde ont commencé par de fimples acquifitions de terrains fertiles, mais faites avant qu'ils fuffent en valeur : or c'eft fur une telle bafe que la fpéculation fuivante eft fondée; elle eft appuyée fur des faits inconteftables.

La fituation & la bonté intrinsèque de ces terrains contribuera plus à leur valeur que tous les efforts d'une Compagnie : elles font placées entre le 38e. & 41e. dégré au milieu de deux grandes rivières navigables qui offrent une communication facile & sûre avec les poffeffions efpagnoles, & avec les Antilles par le Miffiffipi que M. St-Jean de Crevecœur appelle le grand Artère de l'Amérique, & affurent aux habitans du Scioto un moyen facile de fe défaire avec avantage du fuperflu de leurs productions. 2.º. Leur fertilité eft telle que de toutes les parties de l'Amérique feptentrionale les habitans abandonnent leurs établiffemens pour aller jouir de ces prodigieux avantages : C'eft ainfi que la partie de la Virginie, appellée Kentucke, fituée fur la rive gauche de l'Ohio, oppofée aux terres de la Compagnie du Scioto, dont la population n'étoit en 1777 que de 70 familles, s'étoit portée à 80,000 ames avant 1787, ainfi que la preuve en a été alors adminiftrée au Congrès. Ainfi le fite même du pays joint à la douceur du climat de ce pays doivent produire nécessairement une augmentation considérable dans sa valeur intrinsèque (1).

Deux Municipalités entières de quarante-six mille quatre-vingt acres, situées vers le centre du pays sont réservées pour les revenus d'une Université. Il y a de plus des terres destinées pour l'entretien des Ecclésiastiques qui desserviront les Eglises, & d'autres pour la formation des Ecoles. Ces réserves ne sont point comptées dans la commensuration des trois millions d'acres & ne seront conséquemment point payées Elles contribuent par leur destination même à augmenter la valeur des autres terrains.

L'expérience a d'ailleurs déja justifié la vérité des faits qu'on avance dans un établissement semblable à celui qu'on annonce ici, & qui est contigu. Quelques personnes sous la dénomination de Compagnie de l'Ohio ont fondé une Colonie entre le Muskingum & l'Ohio. Elle a commencé à faire des établissemens en 1788 & il y a actuellement 1,000 à douze cents habitans dans leurs terres, parmi lesquels on compte les Généraux St-Clair, Parsons, Vernum, Putnam & Tupper, & plusieurs autres personnes de distinction, tous Américains qui ont quitté des terrains moins bons pour venir habiter les bords fertiles de l'Ohio. La valeur de leurs terrains a déja augmenté de beaucoup. On en a vendu l'Automne dernier des quantités considérables à 12 l. l'acre & quelques portions même ont été poussées à 53 livres. Or les terres que la Compagnie du Scioto met en vente ont réel-

---

(1) La certitude de la fertilité du sol a été prouvée par les Généraux Parsons & Bultler, qui occupés en 1785 à faire le Traité avec les Indiens avoient à leur suite 150 personnes. Ils avoient amené trente bœufs gras pour leur nourriture & celle des particuliers qui les accompagnoient. Ils se rendirent à la rivière Miami, un peu au-dessous du Scioto, où le Traité devoit être conclu. Ils séjournèrent dans cet endroit depuis le mois de Novembre jusques au mois de Mars suivant. La chasse & la pêche leur fournirent du gibier & du poisson excellent au-delà de leurs besoins. Leurs bœufs ne leur servirent point. Ils revinrent au Printems sur les bords de l'Ohio aussi gras que lors de leur départ, ils étoient toujours resté dans les prairies, & ne cessèrent d'y trouver d'excellens pâturages. Preuve sans replique de la douceur du climat & de la fertilité du terrain.

lement une plus grande valeur que celles-là par leur poſition ſur
deux rivières navigables, par leur contiguité à des établiſſemens
déja formés & ſur-tout par leur voiſinage du Kentuke qui n'en eſt
ſéparé que par l'Ohio.

Le Tabac & le Coton ſont les cultures les plus avantageuſes à
faire ſur ces terrains. Elles vont de pair avec celle du froment, &
il n'y a point de pays où ces productions & en particulier le tabac
réuſſiſſent dans un auſſi grand dégré de perfection que dans le
territoire de l'Ohio. Mais comme le froment eſt une denrée de
première néceſſité on ne fondera ſon calcul que ſur ſon produit,
qui dans ce pays là eſt communément par acre de 40 boiſſeaux,
du poids de 59 livres. On ne regardera les autres productions que
comme des acceſſoires.

L'extraordinaire fertilité du terrein & la beauté du climat de
ce pays où les ſaiſons ſont coupées comme en Europe ne peuvent être conteſtés. L'unanimité des témoins qui l'atteſtent,
eſt trop grande pour qu'on fût reçu à les révoquer en doute.
On y trouve du ſel en abondance. Cette production naturelle du
pays mettra les habitans à même de tirer un grand parti de
leurs troupeaux, ſoit bœufs, ſoit porcs que la nature ſeule
& ſans aucune dépenſe de la part des propriétaires prendra ſoin
de nourrir & d'engraiſſer juſqu'à ce que le pays ſoit entière-
ment cultivé. Ces ſalaiſons fourniront aux beſoins de la Marine
des différentes Nations dans les Colonies & en Europe même,
parce que les Américains pourront les fournir à meilleur marché
qu'aucun peuple de l'Europe.

Après la production abondante des denrées, le moyen de ſe
défaire de ce que l'on a de plus que le néceſſaire pour la
conſommation eſt ſans doute un point très-important & ici encore
le territoire de l'Ohio ne laiſſe rien à déſirer. En deſcendant cette
belle rivière on a très-peu de frais à faire & par le Miſſiſſipi l'on
parvient aiſément à la Mer quoique le voyage ſoit un peu plus
long que de pluſieurs des autres parties de l'Amérique Septentrionale depuis la baye de Cheſapeak juſqu'au Canada, il a bien
ſes avantages & eſt ſur-tout infiniment plus ſûr que le long
des côtes de l'Amérique.

Les denrées qui proviendront du Scioto feront à meilleur marché que celles des autres terrains de l'Amérique en raison de la fertilité du terrein & d'une population moins abondante. Le fret d'ailleurs en coûtera beaucoup moins, parce que la conſtruction des Vaiſſeaux & des Bateaux de toute eſpèce ſe fait vers les ſources de l'Ohio, où ces objets ſont à beaucoup meilleur marché que dans aucune autre partie de l'Amérique.

A tous ces avantages il faut encore en ajouter un autre particulier à la Nation françoiſe & très-important pour ſon commerce. Elle n'a pas, il eſt vrai, toujours beſoin de bled, mais l'expérience a ſouvent montré que quelquefois l'importation de cette denrée étoit de la plus grande utilité pour la France. Moyennant cette nouvelle Colonie, ce Royaume pourra obtenir la quantité de bleds dont il aura beſoin en échange du produit de ſes Manufactures & ſans faire paſſer ſon argent à l'étranger; il eſt plus que probable que les accapareurs de cette denrée qui l'ont quelquefois fait monter à un ſi haut prix, & qui par-là ont augmenté le beſoin qu'on en avoit, ne pourront plus faire de pareilles ſpéculations lorſque ces établiſſemens ſeront formés.

Nous faiſons ſuivre ici un apperçu des frais indiſpenſables pour chaque perſonne qui veut paſſer en Amérique. Il eſt établi en raiſon de la quantité d'acres que l'on acquiert; mais il eſt facile de pouſſer ſa progreſſion au-delà des bornes qu'on lui a donné en partant des mêmes principes.

L'acre de terre ſe vend 6 liv.; on paye dix pour cent du montant de l'achat en paſſant l'acte devant Notaire, le reſte de la première moitié du prix ſera dépoſé par l'acquéreur chez M.   Banquier à Paris, & cette ſomme y reſtera dépoſée juſqu'à ce qu'il ait pris poſſeſſion, l'autre moitié ſe payera deux ans après ou en Amérique ou en France au choix de l'acquéreur.

Calcul pour un achat de 200 Acres.

	liv.
200 acres à 6 l. font la fomme de 1,200 dont on ne paye que la moitié ci.............	600
Les frais de tranfport à Philadelphie où on fe débarque font plus ou moins grands fuivant la volonté des Paffagers, 300 l. pour être nourris à la table du Capitaine ; fur le pont environ 200 ci............................	200
Frais de tranfport de Philadelphie à Pitsbourg...⎱ environ 100 Frais de Pitsbourg jufqu'aux terres du Scioto....⎰	
Des beftiaux & uftenfiles de campagne........	300
Débourfés pour les femences en Amérique & pour le pain pendant fix mois...............	150
Fufil, poudre, plomb pour chaffer le gibier qui eft en grande abondance...............	180
Argent qu'on doit avoir de refte en cas de befoin................................	200
....1730	

On peut bâtir les maifons en dix jours fans débourfer d'argent, la meilleure manière eft de s'aider mutuellement dans les travaux où plufieurs ouvriers font néceffaires, & les matériaux fe trouvent fur le terrein en abondance ; & en attendant que l'habitation de ceux qui arrivent foit prête, le Colon fera reçu dans les maifons que la Compagnie a fait bâtir exprès pour le recevoir.

On peut calculer fur les mêmes bafes la fomme néceffaire pour un plus grand achat quelconque, & d'après ce principe on peut fixer; pour 200 acres...1,750 liv.

$$300........2,330$$
$$600........3,200$$
$$1000......4,600$$

Les perfonnes qui acheteront au-deffus de cent acres de terrein, feroient bien de fe précautionner de Cultivateurs en

Europe, proportionnément à la quantité de terrain dont ils auront fait acquifition. Les frais de nourriture & d'entretien pour chaque Cultivateur, n'excéderont pas 2co liv. par an, parce que la nourriture ne coûte pas beaucoup. L'ufage du pays eft de les engager pour trois ans, pendant lequel tems ils procureront un grand bénéfice à leur maître. Chaque homme pourra défricher avec les chevaux néceffaires, 100 acres pendant les trois années; la première 50, la deuxième 30, & la troifième 20 & ainfi de mème, en continuant de charger les terres défrichées.

Explication de la Carte Géographique.

Les quarrés qu'on voit tracés fur cette carte, repréfentent chacun une Municipalité, & ils font équivalens à deux lieues quarrées. Cette divifion a été faite d'après les Ordonnances du Congrès; chacune de ces Municipalités contient 23,040 acres, ou à-peu-près; on y a fait la réferve de quelques terrains pour des Eglifes, pour des Ecoles publiques & d'autres établiffemens femblables.

Le Congrès a nommé le premier rang des Municipalités du côté de l'Orient, le dix-huitième rang; & c'eft en comptant ainfi d'Orient en Occident que le dernier rang forme le vingt-huitième. Cette dénomination fera ainfi confervée tant que cet Edit du Congrès fera en vigueur. On s'y eft conformé en numérotant les rangs fur la carte.

La première ville à bâtir eft commencée vis-à-vis l'embouchure du grand Kanhawa dans la rivière d'Ohio.

Comme il eft naturel que les Colons puiffent fe loger à leur arrivée, on a fait conftruire quelques maifons dans lefquelles ils pourront fe retirer & y refter jufqu'à ce qu'ils fe foient déterminés fur le terrain qu'ils veulent occuper & fe foient fait bâtir leur habitation.

Le prix des terres, comme on l'a vu, augmentera néceffairement en raifon de la progreffion de la culture; en conféquence la Compagnie ne donnera pas au même prix qu'elle le fait aujourd'hui l'acre de terre dont la valeur intrinfèque aura augmenté par les défrichemens déjà faits, mais elle n'introduira aucun changement dans ses prix, qu'elle n'en ait fait publier un avertissement un mois à l'avance en Europe, & neuf mois pour ceux déjà en Amérique & qui ont déjà acheté.

L'Edit du Congrès répond à toutes les questions concernant les loix de ce pays. Il est traduit en françois & imprimé, & prouve la bonté des loix dans un pays où l'on n'a pas eu à combattre d'anciens abus. Cet avantage, dont l'Amérique jouit seule, est bien digne d'être envié par tout le genre humain.

La boisson ordinaire est du cidre ou de la biere; mais on y boit aussi de bon vin de Bordeaux, & à plus bas prix qu'à Paris. L'on a, en général, les choses qui tiennent au luxe, quoiqu'on n'en fasse pas beaucoup d'usage, & elles coûtent un cinquième ou un quart de plus qu'en France ou en Angleterre.

Pendant un grand nombre d'années les nouveaux habitans n'auront besoin de faire aucune spéculation pour se défaire des productions dont ils n'auront pas besoin pour leur usage. Les Colons qui arriveront chaque année les en débarrasseront, & les dédommageront des difficultés qu'ils auront eu à vaincre en arrivant les premiers, pour jetter les fondemens de cette Colonie.

Les maisons sont construites généralement en bois en Amérique, cependant on en fait en briques & en pierres de taille dans les villes & dans d'autres parties de l'Amérique; mais l'usage général adopté par les nouveaux Colons est tel, qu'ils peuvent élever en très-peu de jours une maison pour les recevoir eux & leur famille; & cette sorte de maison est susceptible de distribution, d'agrément & de luxe. Il est essentiel d'ajouter, que les informations prises des personnes qui ont été dans ce pays-là pendant la dernière guerre, ont été les plus favorables, & que parmi ceux qui sont déjà partis, il y a plusieurs Colons qui avoient déjà été en Amérique.

Toutes les craintes qu'on se forme sur la difficulté de se procurer les choses qui sont nécessaires à la vie, ne viennent que de ce que les acquéreurs ne se donnent pas la peine de se rappeller que ce pays est inculte, mais qu'il est situé au milieu de terrains peuplés , au centre des Etats - Unis , où il y a plus de 4 millions d'habitans , & que dans un pays aussi abondant en objets de première nécessité , on ne peut manquer des choses nécessaires à la vie.

Les Etats-Unis viennent de fixer le séjour du Congrès dans un endroit éloigné seulement de l'Ohio de 60 à 80 lieues. Circonstance bien importante pour nos nouveaux établissemens.

On va juger du succès que les Colons peuvent se hâter d'obtenir par les lettres qu'on vient de recevoir de quelques uns d'entr'eux. Il seroit à désirer qu'on pût les faire connoître toutes & dans leur entier. On y verroit quel fonds on doit faire sur les nouvelles que des malveillans n'ont cessé de répandre : on y liroit comment & pourquoi tant de calomnies ont été multipliées & évidemment accueillies. Les extraits suivans suffiront pour convaincre les personnes qui désirent de bonne foi connoître la vérité : rien ne convaincra les autres.

EXTRAIT d'une lettre de M. de Marnésia , du 12 Octobre 1790.

Enfin , Monsieur , me voici sur les rives de l'Ohio. J'ai donc le droit , peut-être même le devoir , d'éclairer les François qui , de bonne foi , veulent être instruits du succès que peut avoir la démarche que plusieurs de leurs compatriotes ont faite , qui veulent savoir avant que de juger & qui sagement se défient également & des apologistes , peut-être intéressés , de la Compagnie du Scioto & de ses détracteurs , dont peut-être les imputations sont peu fondées & les motifs peu purs.

La position , Monsieur , dans laquelle je me trouve est bien rare , si elle n'est pas unique. Entouré des objets les plus vastes , les plus nouveaux , livré forcément aux spéculations les plus nombreuses & les plus grandes , occupé des intérêts les plus puissants , associé à une entreprise ou téméraire ou superbe , environné de tout ce qui peut enflammer l'imagination , & même rendre éloquent , sans qu'on songe & peut-être sans qu'on

veuille l'être , je dois me reftreindre à la froideur d'une narration
& m'interdire la chaleur que femble néceffiter tout ce qui
fe préfente à mes yeux & tout ce qui s'offre à ma penfée.

Je vais donc décrire tout fimplement & avec la féchereffe
de la plus fcrupuleufe vérité. Cette vérité , je jure fur mon
honneur que je vais la dire & que je ne tracerai pas un mot qui
s'en écarte.

Les terreins vendus aux François par les agens de la Compagnie
du Scioto, font les plus riches de tous ceux qui font fous la
domination des États-Unis. Ceux qui les avoifinent, dont le
défrichement n'eft commencé que depuis trois ans , affurent
qu'ils font d'une fécondité dont le refte de la terre offre peu
d'exemple, & cultivés par des François , bien plus actifs , bien
plus laborieux , bien meilleurs cultivateurs que les Américains,
qui n'ont pas encore porté bien loin ni l'agriculture, ni les
autres arts , ils raporteront bien davantage que les champs de
leurs voifins. Le froment , le maïs, les légumes , le lin & le
chanvre y viendront avec la plus grande abondance, & c'eft avec
un grand fuccès que le tabac y fera cultivé. Je doute, ou
plutôt je ne crois pas , quoiqu'on l'ait annoncé , que la culture
de l'indigo y puiffe réuffir. Heureufement le climat, dont la
température eft la même que celle du comtat d'Avignon,
n'eft pas affez ardent pour la favorifer.

Ce feroit affez pour des hommes modérés de vivre dans
l'abondance de toutes les chofes de première néceffité ; & ils
feroient trop heureux d'y joindre celles qui , fans être auffi néceffaires font pourtant d'un très-grand prix par les agréments qu'elles
procurent , comme le fucre de très-bonne qualité & que les
érables donnent en immenfe quantité ; le gibier de toute efpèce ;
le poiffon de toutes les fortes ; les bœufs fauvages qu'on rencontre
en très-nombreux troupeaux, les laines, le coton, la foie
bien facile à introduire , à caufe de l'abondance des mûriers ,
les bois magnifiques & variés à l'infini ; toutes ces richeffes, dis-je,
auroient fuffi pour combler les vœux des premiers habitans de
la terre , mais avec une bien autre multiplicité de défirs qu'eux
il nous faut bien d'autres jouiffances. Ce n'eft que par le com-

merce que nous pouvons les obtenir. Il nous fera bien facile d'en établir un très-étendu avec toutes les parties méridionales de l'Amérique & même avec le reste du monde. L'Ohio fur les rives duquel nous fommes établis, enfuite le Miffiffipi nous en donne un moyen très-aifé ; dont le Kertukey, cette annnée & la dernière, a profité avec un immenfe avantage. Il a exporté, & même avec une imprudente abondance, fes denrées dans le fud & en a retiré de très-confidérables retours.

Le bétail de ce pays, plus beau, plus fort que celui de France, eft prefqu'égal à celui de Suiffe ; avec du foin, les laines deviendront bientôt auffi fines & auffi belles que celles d'Angleterre, & les chevaux de cette contrée, qui font de race Angloife, font bons, ont de la figure, font fûrs & vigoureux.

Des Colons qui viennent avec quelqu'argent & une grande activité d'idées ne fe trouvent pas dans l'abondance des matières premières d'une excellente qualité fans former le projet de les employ.r. Auffi l'une de leur première penfée a été d'élever des manufactures au milien d'eux, & déja ils fe font occupés des moyens de les établir. Ces moyens fimples & d'une exécution très-facile, vraifemblablement dès l'année prochaine, leur procureront des attelliers où les toiles, lés draps, les étoffes de foie & les ouvrages en fer feront fabriqués ; non-feulement les ouvriers font arrêtés, mais ils ne tarderont pas à venir exercer leur intelligence dans des lieux qui ne font encore qu'un magnifique défert.

Quelques François venus en Amérique ont fait à la Compagnie des reproches affez graves & tous denués de fondement. En voici l'origine. La Compagnie ne penfant pas que l'émigration feroit auffi confidérable & auffi rapide, n'avoit fait aucune difpofition pour recevoir les émigrans, rien ne s'eft trouvé prêt à leur arrivée, & ils n'ont même eu, pendant les premiers jours qu'ils ont été à Alexandrie, perfonne pour leur répondre. Leur étonnement & leur embarras ont été très-grands ; mais n'ont eu que peu de durée : autant qu'il a été poffible tout

a été

a été réparé. Les émigrans ont été logés, nourris, défrayés, dédommagés du retard, à la vérité très-nuisible, qu'ils ont éprouvé, avec la plus grande largesse ; & ceux qui font raisonnables, c'est le plus grand nombre, non-seulement font satisfaits, mais font véritablement pénétrés de reconnoissance. Les voilà fur les bords fortunés de l'Ohio. Ils y portent du courage, de la constance, & la ferme volonté de fe livrer aux travaux nécessaires. Aidés par le climat, par la fécondité de la terre, par la réunion de toutes les circonstances locales qu'ils pouvoient désirer, ils ont l'assurance la plus positive de prospérer très-promptement & très-grandement. Toutes les peines considérables auront été pour nous, & toutes les difficultés seront aplanies pour ceux qui nous suivront. Ils trouveront en nous des frères bien établis dans de jolies maisons, propres & commodes, avec des provisions abondantes & bonnes, & très-heureux de tout partager avec eux.

Quant à moi, je ne puis que parler avec la plus tendre sensibilité de la Compagnie du *Scioto*. J'ai eu de bien grands intérêts à traiter, de bien importantes idées à discuter avec M. Duer, fon Sur-Intendant. Je n'ai jamais rencontré de tête plus vaste, plus capable d'enfanter de grands projets, & de les combiner de façon à leur assurer d'indubitables succès. Il est l'homme qu'il faut pour le moment où se forme une Colonie telle que la nôtre, qui vient, comme aucune n'est arrivée n'ulle part avec la réunion de tous les puissans moyens.

Je n'ai eu avec la Compagnie du *Scioto* qu'à me défendre de l'excès de ses bienfaits, qu'à lutter contre fa magnificence. On a voulu me faire penser que je pouvois être trompé par elle. Je l'ai été en effet, elle a rendu mon fort infiniment supérieur à celui que j'attendois, & que même je l'aurois défiré.

Voilà, Monfieur, ma déclaration fur cette Compagnie ; je la fais pour rendre hommage à la vérité, & pour fatisfaire au moins foiblement ma reconnoissance.

Vous pouvez, Monfieur, faire de ma lettre l'usage que vous jugerez convenir, je ne crains pas qu'elle foit communi-

B

quée , parce qu'elle ne contient pas un mot qui ne foit confor-
me à la plus exacte vérité. Il me tarde fort que vous & M. Plai-
fair , à qui je vous prie de faire mille complimens , veniez en
juger ; venez promptement , faites-vous précéder par des gens
fages & bons qui nous apportent des talens & des vertus ,
ils verront déjà dans nos Villes , tous les métiers en action & quel-
ques-uns des beaux - arts , comme la Sculpture , la Gravure ,
exercés ; venez recevoir l'affurance de l'attachement bien réel
avec lequel j'ai l'honneur d'être , Monfieur , votre très-humble
& très-obéiffant ferviteur , *figné* DE LEZAY MARNÉZIA.

M. Baillet écrit à Madame fa mère , à Vadamont près Guife , du 10 Octobre.

N'écoutez-pas les propos qu'on feroit dans le cas de vous
faire au fujet du Scioto , car rien n'eft fi vrai qu'il n'y a rien
de fi beau que ce Pays , que le terrein y eft très-bon & très-
fertile , & qu'il y a une fortune à faire ; fi mes parens y viennent , ils n'auront qu'à s'en louer , attendu que tout le monde
y eft content & fatisfait d'y être. Vous ne fauriez vous ima-
giner la quantité de monde , nous fommes fept cents perfonnes
enfemble tous contens.....

M. le Marquis de Marnéfia écrit du 24 Septembre à M. Grea , Avocat , à Lons-le-Saunier.

Les craintes , Monfieur , que votre amitié vous avoit fait
concevoir fur ma démarche relativement à ma fortune , ne font
heureufement pas mieux réalifées que le pronoftic de M. G…
les Agens de la Compagnie du Scioto m'ont , à la vérité , trompé , mais non pas comme vous l'avez cru ; au

lieu d'impoſtures & de fauſſes promeſſes, ils ont infiniment affoibli la vérité. Il eſt certain que les terres qu'ils m'ont vendues ſont dans le lieu le plus fertile des deux Mondes, dans la température la plus douce, dans le climat le plus ſain, que chaque acre de terre y rapporte au moins de 40 à 60 boiſſeaux de grains, & que le débit en eſt ſi bien aſſuré, qu'il ſe vend l'un dans l'autre, maïs & froment, ſix livres le boiſſeau.....

Lettre de Dom Didier, à M. Piot, Sous-Prieur de l'Abbaye Royale de Saint-Denis.

C'eſt du bord de *l'Ohio* que je vous écris; le Pays eſt ſuperbe & promet un ſuccès complet aux Cultivateurs qui voudront prendre la peine de ſoigner le ſol; le climat n'eſt point froid, il eſt très tempéré & ſe rapproche beaucoup de celui de la France, nous ſommes entre le trente-huitième degré & le trente-neuvième; l'air y eſt pur & ſain, nous ſommes dans la ſaiſon des pluies qui ſont froides, nous avons traverſé les chaînes de Montagnes bleues, les Allegagni, & nous avons vogué environ douze jours; toute cette route s'eſt faite ſans accident. J'ai rencontré beaucoup d'Américains Catholiques. J'ai baptiſé beaucoup de leurs enfans, ils ne voyent de Prêtres que quatre fois par an. J'ai vu des Sauvages Catholiques, parlant un peu François, qui m'ont baiſé les mains.... &c.

Extrait d'une Lettre de M. de Marnéſia, à M. de Beyerley, Conſeiller au ci-devant Parlement de Nancy.

Enfin nous voici ſur les bords de *l'Ohio*. Je vais me rendre ſur la magnifique terre où le ſort le plus étonnant & qui ſera certainement le plus heureux me conduit.

Tous les témoignages ſe réuniſſent, tous les récits s'accordent, & tous affurent que la terre de promiffion eft celle que nous allons habiter.

Ce n'eft qu'avec extafe qu'on en parle, ce n'eft, car même en Amérique, l'homme n'eft pas tout-à-fait ange, ce n'eft pas fans un peu d'envie qu'on nous y voit établir. Je vous le jure, ce n'eft pas ici que l'on penfe que nous fommes trompés. Mocquez-vous de ceux qui en France veulent le croire, & plus encore de ceux qui fans le croire eux-mêmes, voudroient le perfuader aux autres.

D'après ces lettres & le dépôt du prix d'achat, les acqué-reurs n'ont certainement rien à defirer pour leur fûreté.

A Paris, de l'Imprimerie de CLOUSIER, Imprimeur du ROI, rue de Sorbonne.